essentials

essentials liefern aktuelles Wissen in konzentrierter Form. Die Essenz dessen, worauf es als „State-of-the-Art" in der gegenwärtigen Fachdiskussion oder in der Praxis ankommt. *essentials* informieren schnell, unkompliziert und verständlich

- als Einführung in ein aktuelles Thema aus Ihrem Fachgebiet
- als Einstieg in ein für Sie noch unbekanntes Themenfeld
- als Einblick, um zum Thema mitreden zu können

Die Bücher in elektronischer und gedruckter Form bringen das Expertenwissen von Springer-Fachautoren kompakt zur Darstellung. Sie sind besonders für die Nutzung als eBook auf Tablet-PCs, eBook-Readern und Smartphones geeignet. *essentials:* Wissensbausteine aus den Wirtschafts-, Sozial- und Geisteswissenschaften, aus Technik und Naturwissenschaften sowie aus Medizin, Psychologie und Gesundheitsberufen. Von renommierten Autoren aller Springer-Verlagsmarken.

Weitere Bände in der Reihe http://www.springer.com/series/13088

Meike Knöchel · Klaus North

Kundeneinbindung im Innovationsprozess – Konzepte

Meike Knöchel
Frankfurt, Deutschland

Klaus North
Wiesbaden Business School
Wiesbaden, Deutschland

ISSN 2197-6708   ISSN 2197-6716   (electronic)
essentials
ISBN 978-3-658-20426-6   ISBN 978-3-658-20427-3   (eBook)
https://doi.org/10.1007/978-3-658-20427-3

Die Deutsche Nationalbibliothek verzeichnet diese Publikation in der Deutschen Nationalbibliografie; detaillierte bibliografische Daten sind im Internet über http://dnb.d-nb.de abrufbar.

Gedruckt auf säurefreiem und chlorfrei gebleichtem Papier

Springer Gabler ist Teil von Springer Nature
Die eingetragene Gesellschaft ist Springer Fachmedien Wiesbaden GmbH
Die Anschrift der Gesellschaft ist: Abraham-Lincoln-Str. 46, 65189 Wiesbaden, Germany

- Die Theorie zum Thema Kundeneinbindung in Innovationen wird prägnant erläutert und in einen praktischen Kontext gesetzt.
- Chancen und Risiken der Kundeneinbindung sowie Maßnahmen zur Risikoreduzierung werden dargestellt.
- Der Leser lernt die sechs Stufen der Kundeneinbindung kennen.
- Konkrete Handlungsempfehlungen und Praxisbeispiele vieler Unternehmen unterstützen die Umsetzung.

Vorwort

Ideen für Innovationen sind häufig das Resultat von Kundenrückmeldungen zu bereits existierenden Produkten. Immer mehr Unternehmen warten jedoch nicht auf Feedback zu aktuellen Produkten, sondern beziehen bestehende oder potenzielle Kunden oder Nutzer schon aktiv in den Innovationsprozess ein. Viele Studien belegen, dass Kundeneinbindung im Produkt- und Dienstleistungsentwicklungsprozess einen positiven Einfluss auf den Erfolg der Innovation hat.

Für eine erfolgreiche Umsetzung von Kundeneinbindung in der Praxis ist es für Unternehmen daher wichtig zu erkennen, welchen Nutzen und welche Risiken für das eigene Unternehmen entstehen können und auf welche kritischen Erfolgsfaktoren geachtet werden sollte.

Der Zweck dieses *essentials* ist, die wichtigsten theoretischen Konzepte zur Kundeneinbindung praxisnah zu erläutern und konkrete Handlungsempfehlungen für Unternehmen zu geben.

Dieses *essential* ist Teil eines ‚Doppelpacks‘: Während im *essential* ‚Kundeneinbindung im Innovationsprozess – Methoden‘ der Schwerpunkt auf dem Vergleich verschiedener Methoden zur Kundeneinbindung liegt, gilt das Augenmerk in diesem *essential* vor allem der Risikobewertung sowie den kritischen Erfolgsfaktoren der Kundeneinbindung. Eine Vielzahl von Praxisbeispielen geben Anregungen zur Implementierung konkreter Maßnahmen zur erfolgreichen Kundeneinbindung in Unternehmen.

Wir wünschen anregende Lektüre. Ihr Feedback erreicht uns unter meikeknoechel@gmail.com oder Klaus.North@gmail.com.

Wiesbaden   Meike Knöchel
Herbst 2017   Klaus North

Inhaltverzeichnis

Einleitung 1

Kürzere Produkt-Lebenszyklen, schnell wandelnde Bedürfnisse, rasche technologische Entwicklungen und ein turbulentes Umfeld stellen Unternehmen vor große Herausforderungen die ‚richtigen' Innovationen rechtzeitig zu realisieren. Das Wissen über Märkte, Kundenbedürfnisse, Trends, technologische Entwicklungen und die Fähigkeit, dieses Wissen in Innovationen zu verwandeln, ist Grundlage der Wettbewerbsfähigkeit (vgl. North 2016).

70 % aller neuen Produkteinführungen in Supermärkten werden nach kurzer Zeit aufgrund fehlender Kundenakzeptanz wieder aus den Regalen genommen. Eine wissenschaftliche Studie zeigt, dass 50 % bis 80 % dieser Produkte nicht erfolgreich waren, weil Unternehmen zu wenig Marktnähe während des Produktinnovationsprozesses hatten (vgl. Stern und Jaberg 2010, S. 159). Die Kundenorientierung ist daher ein wichtiger kritischer Erfolgsfaktor im Innovationsmanagement, aber gleichzeitig ein blinder Fleck vieler Unternehmen. Laut einer empirischen Studie glauben 75 % der mittelständischen Unternehmen, dass Kundeneinbindung ein wichtiger Erfolgsfaktor zur Steigerung der Innovationsfähigkeit ist (vgl. Huber et al. 2013, S. 409). Unternehmen müssen daher die Einbindung der Kunden während der Produktentwicklung erhöhen, um die Erfolgsrate der Produktinnovation zu steigern (vgl. Enkel 2009).

Um eine erfolgreiche Kundeneinbindung zu implementieren, sollten jedoch verschiedene Konzepte verglichen, sowie Risiken abgewogen und kritische Erfolgsfaktoren beachtet werden.

© Springer Fachmedien Wiesbaden GmbH 2018

M. Knöchel und K. North, *Kundeneinbindung im Innovationsprozess – Konzepte,* essentials, https://doi.org/10.1007/978-3-658-20427-3_1

Innovation mit externer Einbindung gestalten 2

Der Begriff ‚Innovation' stammt ursprünglich von den lateinischen Worten ‚innovare', also ‚erneuen', und ‚novus', was mit ‚neu' übersetzt werden kann. (vgl. Horsch 2003, S. 1). In der ‚Theorie der ökonomischen Entwicklung' definierte Schumpeter (1934) ‚Innovation' als die ‚Umsetzung neuer Kombinationen in die Realität'.

In diesem *essential* bezeichnet der Begriff **Innovation die Erschaffung eines Wettbewerbsvorteils durch eine neue Kombination von Wissen, die einen neuen oder veränderten Nutzen der Produkte, Prozesse oder Geschäftsmodelle für die Kunden oder Nutzer generiert.**

Es werden unterschiedliche Arten und Bereiche von Innovationen differenziert. Hinsichtlich der Neuheit von Innovationen unterscheidet man *radikale und inkrementelle Innovationen.* Bezüglich inkrementeller Innovationen werden bereits bestehende Produkte, Prozesse oder Geschäftsmodelle angepasst, weiterentwickelt, verbessert und genutzt; auch ‚Red Ocean'-Strategie genannt (vgl. Kim und Mauborgne 2015). Radikale oder disruptive Innovationen brechen mit bestehenden Lösungen oder schaffen vollkommen neue Lösungen für Probleme (‚Blue Ocean'-Strategie). Insgesamt sind ca. 90 % aller Innovationen inkrementelle Innovationen und nur 10 % radikale Innovationen (vgl. Narayanan und O'Connor 2010, S. 91).

Innovationstypen kennzeichnen das Objekt der Innovation. Unterschieden werden Innovationen bezogen auf Produkt und Dienstleistung, Prozess, Technologie, Geschäftsmodell, Strategie, organisatorische sowie soziale Innovationen (vgl. Boer und During 2001; Talloo 2007, S. 92 ff.). Während alle Innovationstypen von großer Bedeutung sind, wird sich dieses *essential* auf Produkt- und Dienstleistungsinnovationen konzentrieren.

Neben internen *Innovationsquellen* kann ein Unternehmen viele externe Einflüsse nutzen. Jeder, der am Erfolg oder Misserfolg des Unternehmens interessiert

© Springer Fachmedien Wiesbaden GmbH 2018
M. Knöchel und K. North, *Kundeneinbindung im Innovationsprozess –
Konzepte,* essentials, https://doi.org/10.1007/978-3-658-20427-3_2

oder beteiligt ist, kann als potenzielle Innovationsquelle bezeichnet werden (vgl. Disselkamp 2005, S. 41).

Diese externen Parteien (‚Stakeholder') umfassen vertikale Quellen wie Endkunden, Kunden, Zulieferer und Subzulieferer, aber auch horizontale Quellen wie Wettbewerber, Universitäten und andere externe Forschungseinrichtungen, wie in Abb. 2.1 dargestellt (vgl. Enkel 2009, S. 184).

Eine globale CEO-Studie von IBM untersuchte die bedeutendsten Quellen innovativer Ideen. Das Ergebnis zeigt, dass Kunden nach den eigenen Mitarbeitern und Partnern als drittwichtigste Quelle für innovative Ideen betrachtet werden (vgl. IBM Global Services 2006).

Dieses *essential* wird sich auf Kunden als Innovationsquelle konzentrieren.

In diesem *essential* umfasst der Begriff ‚Kunde' diejenigen, die bereits Nutzer sind oder potenziell Vorteile aus dem Produkt oder der Dienstleistung erwarten. Enthalten sind u. a. (vgl. Campos und Ballard 2011, S. 80):

- aktive Kunden,
- verlorene Kunden aufgrund negativer Erfahrungen in der Vergangenheit,
- Kunden, die das Unternehmen nie hatte und gerne erschließen möchte,
- ehemalige Kunden, die für eine längere Zeit nichts gekauft haben,
- potenzielle zukünftige Kunden in neuen Märkten,
- Kunden mit verminderten Käufen in den letzten Monaten,
- Nutzer, die Produkte verbessern oder verändern,
- Innovative Menschen, deren Ideen potenziell wertvoll für das Unternehmen sein können.

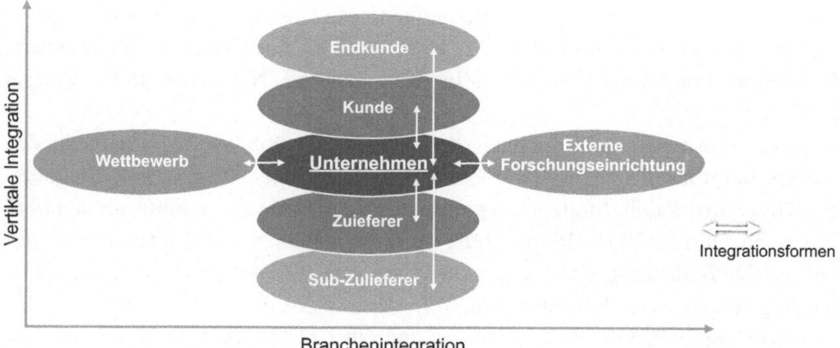

Abb. 2.1 Externe Innovationsquellen. (Eigene Abbildung basierend auf Enkel 2009, S. 184)

Kundeneinbindung in der Entwicklung neuer Produkte hat eine lange Geschichte wurde jedoch erst seit ca. 10 Jahren populär. Chesbrough (2006) kreierte den Begriff ‚*Open Innovation*' für den Einsatz externer Ideen mit Ursprung außerhalb des Unternehmens für interne Innovationen (vgl. Chesbrough et al. 2008, S. 16). 78 % der Unternehmen verfolgen heutzutage den Ansatz der Open Innovation und äußerten, dass sie dies in Zukunft noch stärker ausweiten wollen (vgl. Chesbrough und Brunswicker 2013, S. 2).

Die wichtigsten Unterschiede zwischen Open und Closed Innovation werden in Tab. 2.1 beschrieben.

Tab. 2.1 Closed Innovation vs. Open Innovation. (Eigene Darstellung basierend auf Chesbrough 2006, S. XXVI)

Thema	Closed Innovation	Open Innovation
Kunde	Der Kunde ist ein passiver Empfänger und nicht direkt involviert	Der Kunde ist aktiv am Innovationsprozess beteiligt
Wissensmanagement	Fachexperten arbeiten in einem bestimmten Themenfeld für das Unternehmen und sind die Wissensträger	Experten außerhalb des Unternehmens werden einbezogen
Forschung & Entwicklung (F&E)	Die Innovations- und Entwicklungsabteilung wird intern aufgebaut, um bestmöglich davon zu profitieren	Externe Entwicklungen können Wert generieren und die interne Innovationsabteilung muss aufgebaut werden, um diesen Wert zu nutzen und davon zu profitieren
Entdeckungen	Das Unternehmen muss etwas entdecken, um als Erstes mit dem neuen Produkt im Markt erfolgreich zu sein	Forschung und Entdeckung können auch außerhalb des Unternehmens initiiert werden und die Firma kann davon profitieren
Nutzen	Das Unternehmen, das eine Innovation zuerst auf den Markt bringt, hat den größten Nutzen davon	Den höchsten Nutzen hat das Unternehmen, das interne und externe Ideen optimal nutzt und bestmöglich ausschöpft
Geistiges Eigentum	Geistiges Eigentum muss geschützt werden, um zu verhindern, dass Konkurrenten die Ideen des Unternehmens nutzen	Das Unternehmen kann von externen Parteien profitieren, die das geistige Eigentum des Unternehmens ebenfalls nutzen. Das Unternehmen kann auch externes geistiges Eigentum für sein eigenes Geschäftsmodell erwerben und erfolgreich verwenden

Unter dem Titel ‚Democratize Innovation‘ stellt der MIT-Forscher Eric von Hippel (2005) einen weiteren Ansatz der ‚nutzerzentrierten Innovation‘ vor. Er stellte fest, dass innovative Nutzer – sowohl Einzelpersonen als auch Firmen – ihre Innovationen wie beispielsweise chirurgischen Geräte, Sportequipment oder Software-Lösungen oft frei mit anderen teilen. Er zeigt, dass sich die Produkt- und Dienstleistungsentwicklung bei ‚Lead-Usern‘ konzentriert, die den Markttrends voraus sind und deren Innovationen oft kommerziell attraktiv sind. Von Hippel argumentiert, dass Hersteller ihre Innovationsprozesse in Zusammenarbeit mit den Nutzern neu gestalten sollten und dass sie systematisch nach Innovationen suchen sollten, die von Nutzern entwickelt wurden.

Kundeneinbindung im sequenziellen versus agilen Innovationsprozess

Zur Beschleunigung von Innovationen wird zunehmend die traditionelle, sequenzielle Vorgehensweise durch agile Ansätze ergänzt oder ersetzt. Während traditionelle oder sequenzielle Ansätze auf hintereinander geschalteten Phasen beruhen, die durch Entscheidungspunkte getrennt sind (z. B. ‚Stage Gate Modell'), arbeiten agile Innovationsprozesse in kurzen Lernschleifen und setzen kontinuierlich auf ein breites Spektrum alternativer Lösungen. Ob der sequenzielle oder der agile Ansatz verwendet werden sollte, hängt von der Art der Innovation sowie den individuellen Umständen ab (vgl. Cobb 2016).

Sequenzieller Innovationsprozess
Der traditionelle sequenzielle Innovationsprozess beinhaltet im Allgemeinen die Phasen Ideengenerierung, Selektion, Implementierung und Wertschöpfung, wie in Abb. 3.1 dargestellt (Herstatt und Verworn 2007, S. 9).

In der ersten Phase der *Ideengenerierung* konzentriert sich das Hauptaugenmerk auf das Finden und Entwickeln neuer Ideen. Das Unternehmen sucht in der Umgebung nach Signalen, um neue Ideen zu generieren (vgl. Tidd und Bessant 2013, S. 59 ff.). Die Phase beginnt mit dem ersten Impuls bezüglich eines Bedürfnisses oder Wunsches und wird mit einem vollständigen Überblick aller Ideen abgeschlossen (vgl. Herstatt und Verworn 2007, S. 8).

In der Phase *Selektion* werden Ideen aus der vorherigen Phase gefiltert, bewertet und priorisiert. Das Unternehmen muss entscheiden, welche Ideen weiterverfolgt werden sollen, indem eine detaillierte Auswahl einschließlich Durchführbarkeit, Chancen, Risiken, Rentabilität, Strategierelevanz und verfügbare Ressourcen analysiert werden. In diesem Kontext gibt es drei Schlüsselfragen: Welche technologischen Möglichkeiten und Marktpotenziale gibt es? Was sind die benötigten Kompetenzen und Ressourcen für die Umsetzung der Idee?

© Springer Fachmedien Wiesbaden GmbH 2018
M. Knöchel und K. North, *Kundeneinbindung im Innovationsprozess – Konzepte*, essentials, https://doi.org/10.1007/978-3-658-20427-3_3

Abb. 3.1 Der traditionelle Innovationsprozess. (Eigene Abbildung basierend auf Herstatt und Verworn 2007, S. 9)

Entspricht die Idee dem Produktportfolio und dem Gesamtgeschäft, sowie der Strategie? Nach der Beantwortung dieser Fragen wird ein Konzept zur Weiterentwicklung dieser Idee erstellt (vgl. Tidd und Bessant 2013, S. 59 ff.).

In der Phase *Implementierung* wird die ausgewählte Idee mit einem Produkt konkretisiert, bis es für die Markteinführung vorbereitet ist. Das Unternehmen muss prüfen, wie die Idee realisiert werden kann und muss einen Plan zur Umsetzung erstellen (vgl. Tidd und Bessant 2013, S. 59 ff.). Neben der detaillierten Konzeptentwicklung umfasst diese Phase auch Produkttests (vgl. Herstatt und Verworn 2007, S. 9). Nach einer detaillierten Prüfung und Validierung der Produktmerkmale endet die Phase mit der Fertigstellung des Produktes (vgl. Rohrbeck et al. 2010).

In der letzten Phase *Wertschöpfung,* die oft auch als Diffusionsphase bezeichnet wird, liegt der Schwerpunkt auf der Produkteinführung. Sie umfasst Produktion, Launch und Maßnahmen zur Marktdurchdringung (vgl. Herstatt und Verworn 2007, S. 9). Der Marketing-Mix muss implementiert werden, um monetären Wert aus der Produktinnovation zu generieren. Auch nach der Markteinführung muss das Unternehmen das neue Produkt steuern und mithilfe neuer Erkenntnisse Produktverbesserungen anstoßen (vgl. Rohrbeck et al. 2010).

Diese sequentielle Herangehensweise ist empfehlenswert, wenn das Innovationsprojekt ein geringes Maß an Unsicherheit aufweist und die Aufgaben in einem abgegrenzten Rahmen und ohne unvorhergesehene Einflussfaktoren gelöst werden können. Dadurch kann das Innovationsprojekt von Beginn klar strukturiert und die Erkenntnisse für ähnliche Innovationsprojekte in gleicher Reihenfolge angewendet werden (vgl. Cobb 2016).

Agiler Innovationsprozess
Der agile Innovationsprozess impliziert die kontinuierliche Anpassung an neue Rahmenbedingungen und rasches Lernen in den verschiedenen Schritten des Prozesses und die Anwendung verschiedener Alternativlösungen. Dabei müssen die einzelnen Phasen nicht zwangsläufig aufeinander folgen. Es ist beispielsweise bei neuen Erkenntnissen im Verlauf durchaus empfehlenswert, zu bereits abgeschlossenen vorigen Phasen zurückzukehren und diese neuen Erkenntnisse einzuarbeiten.

Eine häufig verwendete moderne Methodik in der agilen Produktentwicklung ist *Design Thinking,* das von den Gründern der Design- und Innovationsagentur IDEO entwickelt wurde. Design Thinking ist ein systematischer Ansatz für die Lösung komplexer Probleme und unterstreicht Kundenempathie als Ausgangspunkt für die Entwicklung neuer Produktlösungen, die auf den Bedürfnissen der Kunden basieren. Die Idee von Design Thinking ist, dass Lösungen durch die Berücksichtigung der Bedürfnisse und der Motivation des Kunden entwickelt werden, die dann durch mehrere Testschritte auf Ihre Relevanz und Umsetzung geprüft werden (vgl. Gürtler und Meyer 2013, S. 14 ff.).

Das Design Thinking Verfahren hat 5 Phasen: ‚empathize', ‚define', ‚ideate', ‚prototype' und ‚test' (siehe Abb. 3.2).

Die erste Phase *Empathize* beginnt mit dem Verstehen der Kundenerfahrung, was durch Beobachtung der Kunden sowie Interaktion mit ihnen erreicht wird. Ziel ist es, zu erfahren, warum die Kunden tun, was sie tun und wie sie dabei vorgehen. Der Kunde wird entweder im Alltag beobachtet, interviewt oder beides. Die Phase *Define* beschreibt die Definition der Problemstellung, die Konsolidierung der wichtigsten Ergebnisse der ersten Phase und die Priorisierung der Erkenntnisse. In der Phase *Ideate* werden möglichst viele Ideen für mögliche Lösungen der bekannten Erkenntnisse gesammelt, um einen Überblick zu schaffen. Im Hinblick auf die Phase *Prototype* werden die Ideen in physischen Objekten realisiert, um die Fragen zu beantworten, die das Unternehmen dann zur bestmöglichen und realistischen Lösung führen. Die Prototypen haben einen geringen Detailgrad, sind jedoch ausreichend, um für ein praxisnahes Kundenerlebnis verwendet zu werden. Als Ergebnis kann das Unternehmen durch die Reaktionen den Prototypen weiterentwickeln und damit verbessern. In der letzten Phase *Test* werden die Prototypen den Kunden präsentiert und die Reaktionen auf

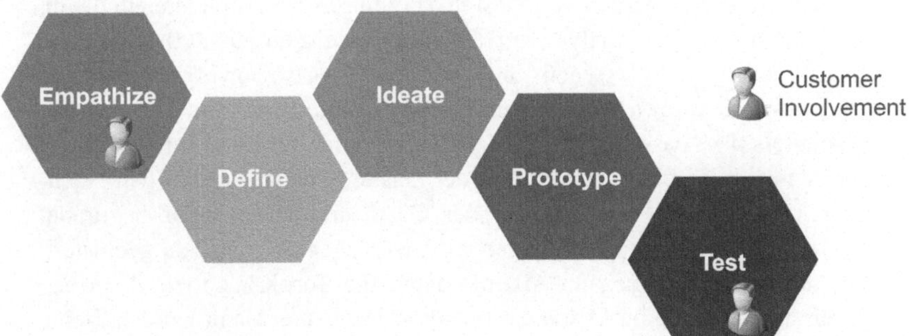

Abb. 3.2 Der Design Thinking Prozess. (Eigene Abbildung basierend auf Plattner, ohne Jahr)

die unmittelbare Produkterfahrung gesammelt. Dadurch können die Prototypen, basierend auf Erkenntnissen der Kundenerfahrung, weiter optimiert werden. Falls der Test jedoch zeigt, dass der Prototyp keine zufriedenstellende Kundenerfahrung bietet oder gar zeigt, dass das Problem von der Firma nicht richtig verstanden wurde, beginnt der gesamte Design Thinking Prozess erneut (vgl. Plattner o. J.).

Agile Innovationsprozesse sind empfehlenswert, wenn das Projekt starke Unsicherheiten und erhöhten Anpassungsbedarf während des Prozesses erwarten lässt und rasch ein Prototyp oder ein ‚Minimum Viable Product‘ zur Verfügung stehen soll. Hintergrund ist, dass die Erstellung eines detaillierten Ablaufplans schwer möglich ist, wenn es viele Einflussfaktoren gibt, die nicht direkt zu Beginn des Prozesses detailliert und realistisch eingeschätzt werden können (vgl. Cobb 2016).

Design Thinking bei AirBnB

AirBnB hat Design Thinking für die Weiterentwicklung seines Kernproduktes, Zimmer und Ferienwohnungen für eine Provision anzubieten und zu vermieten, genutzt. Ein Hauptproblem war in der Vergangenheit, dass der Kundenstamm von AirBnB sehr heterogen ist und oft die Lebensstile von Vermieter und Mieter nicht übereinstimmen. Daher wurden angefragte Buchungen von potenziellen Mietern oftmals vom Vermieter abgelehnt oder nicht beantwortet. In diesen Fällen erlebt der potenzielle Mieter dann eine negative Erfahrung, die in einem für AirBnB großem Problem resultierte, da die potenziellen Kunden die Website dann meist dauerhaft verlassen haben. Das Unternehmen AirBnB versteht sich jedoch in seiner Rolle als Vermittler und Moderator der Nutzer untereinander und wollte einen Weg finden, dieses Problem zu lösen. Um zu analysieren, was den Benutzer dazu motiviert, eine Anfrage auf den ersten Blick abzulehnen, machte AirBnB Gebrauch von Design Thinking. AirBnB bildete ein Team, um eine eingehende Analyse mit quantitativen Daten aus 100 Umfragen, einschließlich geschlossenen und offenen Fragen sowie persönlichen Follow-up Interviews mit einigen Befragten durchzuführen. Die zentrale Erkenntnis war, dass Buchungsablehnungen durch fehlende Informationen über den persönlichen Hintergrund der Gäste, Schreibfehler in den Nachrichten, ungenaue Präsentationen der Gäste und vieles mehr begründet waren. Diese Erkenntnisse wurden in verschiedene Kategorien geclustert. Mit diesem Wissen begann AirBnB dann, die Top-Kategorien zu priorisieren und arbeitete an Lösungen für diese Probleme. Dann wurden kleine Test Cases auf der AirBnB-Plattform durchgeführt, um potenzielle Lösungen für die entdeckten Probleme und Hypothesen zu finden, z. B. durch die

Bereitstellung von detaillierteren und standardisierten Informationsbögen über die potenziellen Gäste in einer Unterkunftsanfrage, sodass Fehlerquellen ausgeschlossen wurden und trotzdem ein Mindestmaß an Informationen an den Vermieter gesendet werden kann. Als Ergebnisse konnten sehr gute und praxisnahe Lösungen entwickelt und erfolgreich implementiert werden (vgl. Schmiedgen o. J.).

Chancen der Kundeneinbindung für Innovationen erkennen

4

Es gibt viele Chancen und Vorteile der Kundeneinbindung in Bezug auf Produkterfolgsraten, Effizienzgewinne und Marktnähe, jedoch auch Risiken, wie die Verletzung des intellektuellen Eigentums und reduzierter Neuheitsgrad der Innovation an sich. Obwohl die Literatur insgesamt die positiven Auswirkungen der Kundeneinbindung hervorhebt, zeigen empirische Studien kontroverse Ergebnisse, vor allem in Bezug auf Entwicklungszeit und Kosten. In den beiden folgenden Kapiteln werden die Vorteile und Risiken detailliert erörtert und Maßnahmen zur Risikoreduzierung vorgestellt.

Studien zeigen, dass sich die Kundeneinbindung in der Produktentwicklung positiv auf den späteren Erfolg des Produktes auswirkt und sogar als einer der wesentlichen kritischen Erfolgsfaktoren eingestuft wird (vgl. Lagrosen 2005, S. 426). Daher betrachten viele Unternehmen die Kundeneinbindung als wichtigen strategischen Schritt, Marktchancen zu nutzen (vgl. Rehme und Svensson 2011, S. 6). Insbesondere bei Innovationsprojekten, die viele Unsicherheitsfaktoren haben, sollten die Kunden besonders berücksichtigt werden (vgl. Tidd und Bessant 2013, S. 94).

Die *Kundenakzeptanz* nach Markteinführung wird verbessert, da die Produkteigenschaften die Wünsche und Präferenzen der Kunden zielgerichtet beantworten und die Kunden bereits bei der Produktentwicklung durch die direkte Einbeziehung besser verstanden werden (vgl. Leopold 2015, S. 46).

In Bezug auf das Lead User Konzept ist sogar durch empirische Studien bewiesen, dass *höhere Neuheitsgrade* der Produktinnovation erreicht werden können und Kundenbedürfnisse besser beantwortet werden (vgl. Lilien et al. 2002, S. 1055).

Darüber hinaus gibt das Feedback der Kunden während der Einbindung einen realistischen Überblick zum Marktpotenzial (vgl. Leopold 2015, S. 47). Dementsprechend verfügt das Unternehmen schon in einem sehr frühen Stadium über eine *höhere Transparenz der zukünftigen Nachfrage* (vgl. Hofbauer 2013, S. 24).

Zudem kann das Risiko bei der Markteinführung reduziert werden, wenn die beteiligten Kunden das Produkt oder die Dienstleistung bereits unterstützen und promoten (vgl. Blazevic und Lievens 2008). Als Folge und Chance davon kann der Markteintritt erleichtert werden (vgl. Hofbauer 2013, S. 5). Durch erhöhte Marktakzeptanz und Kundennähe kann der zukünftige *Umsatz gesteigert und Produktlebenszyklen verlängert* werden (vgl. Blazevic und Lievens 2008). Eine empirische Studie zeigt, dass vor allem die Einbeziehung von Lead Usern zur Verbesserung von Marktanteil- und Absatzprognosen führt (vgl. Lilien et al. 2002, S. 1055). Auch höhere Preise können mit diesen Alleinstellungsmerkmalen der Produkte verfolgt werden (vgl. Reichwald und Piller 2002, S. 16).

Verbesserte Absatzzahlen gehen häufig auch mit *reduzierten Kosten* einher. Obwohl Innovationsmanagement ein Kernbestandteil vieler Strategien ist und einen wichtigen Wert für das Management hat, wird durchschnittlich nur 9 % des Jahresumsatzes für das Innovationsmanagement auf globaler Ebene für Innovationsprojekte ausgegeben (vgl. PriceWaterhouseCoopers 2015, S. 11). Unter Berücksichtigung dieser Tatsache ist es von größter Bedeutung, dass die Kundeneinbindung zu einer Reduktion der Entwicklungskosten führt (vgl. Tidd und Bessant 2013, S. 493). Laut einer Studie von IBM antworteten 43 % der befragten CEOs, dass die Zusammenarbeit und Partnerschaft zu reduzierten Kosten führt (vgl. IBM Global Services 2006, S. 29). Ein wesentlicher Faktor ist dabei, dass die Kundeninteraktionen zu Beginn des Innovationsprozesses zu einer frühen Selektierung realistischer und guter Ideen führt (vgl. Leopold 2015, S. 46). Auch die Einbindung in der Testphase verringert die Innovationskosten, da der Realitätscheck des neuen Produktes bereits vor der offiziellen Markteinführung erfolgt und damit die zeit- und kostenintensive Neugestaltungen in späteren Phasen verhindert wird (vgl. Blazevic und Lievens 2008). Produktions- und Inventurkosten können gesenkt werden, da das Unternehmen in der Lage ist, eine realistischere Planung des Absatzvolumens zu erstellen und somit nach dem Produktstart durch erweitertes Wissen bezüglich Marktnachfrage das Risiko hoher Vorräte oder Produktionsengpässe vorab reduzieren kann. Dies gilt vor allem bei stark heterogenen Märkten mit dynamischer Nachfrage sowie bei Kundeneinbindung in einer frühen Phase des Innovationsprozesses (vgl. Reichwald und Piller 2002, S. 17; Huber et al. 2013, S. 408).

Darüber hinaus kann die *Entwicklungszeit* von der ersten Idee bis zur Produkteinführung verkürzt werden (vgl. Campbell und Cooper 1999, S. 508; Brown und Eisenhardt 1995, S. 352 ff.). Eine Forschungsstudie zeigt, dass die Verringerung der Entwicklungszeit das stärkste Motiv für Unternehmen ist, mit Kunden zusammenzuarbeiten. Eine weitere empirische Studie ergibt, dass 57 % der befragten Unternehmen die Entwicklungszeit durch Kundeneinbindung verringern konnten (vgl. Kausch 2009, S. 48). Vor allem im Hinblick auf die verkürzten Produktlebenszyklen ist es ein Wettbewerbsvorteil, den Markt deutlich früher als die Konkurrenten zu betreten, um Marktanteile zu sichern und Markteintrittsbarrieren für die Wettbewerber zu schaffen, indem das Unternehmen früher von der Lernkurve profitiert und Produktverbesserungen vornimmt (vgl. Leopold 2015, S. 45).

Ein weiterer wichtiger Vorteil ist die *Erweiterung der Erkenntnisse* durch die Anreicherung mit externem Wissen und Fähigkeiten durch neue Perspektiven und Erfahrungen der Kundenseite (vgl. Campbell und Cooper 1999, S. 509). Dieser Zugang zu externem Wissen kann helfen, interne Wissensdefizite zu überwinden und ist ein zusätzlicher Zugang zu nützlichen Informationen, die zur Produktentwicklung benötigt werden (vgl. Tidd und Bessant 2013, S. 493 ff.). Studien zeigen, dass ein Unternehmen durch das erhöhte Wissen bei Kundeneinbindung besser auf Kundenerwartungen eingehen und diese durch Produktinnovationen beantworten kann (vgl. Blazevic und Lievens 2008).

Auch das *Qualitätsniveau* des Produktes kann durch Kundeneinbindung und Wissenserweiterung gesteigert werden, da die Kundenerwartungen frühzeitig erkannt werden, was dazu führt, dass das Qualitätsniveau optimiert wird (vgl. Hofbauer 2013, S. 2).

Die Zusammenarbeit mit Kunden führt oftmals zu einer *engeren Beziehung* und erhöhtem Vertrauen zwischen Kunden und Unternehmen, was sich auch positiv auf den zukünftigen Umsatz und eine nachhaltig gute Kundenbeziehung auswirken kann (vgl. Hofbauer 2013, S. 2; Reichwald und Piller 2002, S. 17). Auch die Kundenloyalität kann gesteigert werden (vgl. Rohrbeck et al. 2010).

Das Kundeninteresse kann sich darüber hinaus auch positiv auf die interne Kommunikation innerhalb des Unternehmen auswirken, da alle Abteilungen in einen intensiven *Kommunikationsaustausch* integriert sind und Probleme zwischen konfliktären Abteilungen reduziert werden können (vgl. Sandmeier 2008, S. 40). Am Ende des folgenden Kapitels werden Vor- und Nachteile der Kundeneinbindung zusammengefasst.

Risiken der Kundeneinbindung reduzieren $\qquad$ 5

Neben vielen Vorteilen und Chancen hat die Kundeneinbindung auch eine Reihe von potenziellen Problemen und Risiken, die durch gezielte Maßnahmen reduziert werden können. In diesem Abschnitt werden die wesentlichen Hindernisse und Gefahren der Kundeneinbindung erläutert und Maßnahmen vorgestellt, um das Risiko zu verhindern oder zumindest zu reduzieren.

Chesbrough (2013) argumentiert, dass das interne Change Management nach wie vor die größte Hürde für eine erfolgreiche Kundeneinbindung ist (Chesbrough und Brunswicker 2013, S. 28). Oft ist es schwierig, die Kunden in den ganzen Innovationsprozess einzubeziehen und die *Koordination und Komplexität* an der Kundenschnittstelle zu koordinieren (vgl. Enkel 2009, S. 188). Es sind zusätzliche Ressourcen erforderlich, die über die notwendigen Fähigkeiten verfügen, die Kundeneinbindung zu begleiten (vgl. Tidd und Bessant 2013, S. 493 ff.). Selbst wenn die Ressourcen verfügbar sind, gibt es oft *bürokratische und administrative Barrieren* für die externe Einbindung von Kunden, vor allem in Unternehmen, in denen diese Herangehensweise immer noch ein Novum ist und Prozesse für die Einbindung noch nicht klar definiert sind (vgl. Noble et al. 2014, S. 45). Um diese Barriere abzubauen, muss ein strukturierter Prozess mit klaren Zuständigkeiten aufgesetzt werden, bevor die Einbindung beginnt. Darüber hinaus ist es wichtig für den Change Management Prozess, dass das gesamte Managementteam die Entscheidung und Bedeutung für die Beteiligung der Kunden in den betroffenen Teams verteidigt.

Eine weitere Hürde ist der Mangel an interner *Kompetenz und Motivation* für die Kundeneinbindung, da Mitarbeiter oft nicht für eine externe Einbindung im Innovationsprozess geschult werden und auch Anreize zur Kundeneinbindung sowie zur Anerkennung externer Ideen fehlen (vgl. Hippel 1988). Dies ist vor allem der Fall, wenn Kundeneinbindung im Innovationsprozess für das

© Springer Fachmedien Wiesbaden GmbH 2018
M. Knöchel und K. North, *Kundeneinbindung im Innovationsprozess –
Konzepte,* essentials, https://doi.org/10.1007/978-3-658-20427-3_5

Unternehmen noch neu ist und die Mitarbeiter aufgrund mangelnder Erfahrung Schwierigkeiten haben, die Kundeneinbindung in die alltäglichen Abläufe zu integrieren (vgl. Enkel 2009, S. 189). Maßnahmen zur Risikoreduzierung würden darin bestehen, die erfolgreiche Kundeneinbindung in die Zielvereinbarungen der beteiligten Teams zu integrieren, um die Motivation zu steigern und einen Anreiz zu schaffen, im gesamten Prozess der Produktentwicklung die Kundeneinbindung zu fördern. Es ist auch möglich, einzelne Schritte der Kundeneinbindung sowie deren Vorbereitung an einen Dienstleister auszulagern, insofern essentielles Fachwissen fehlt.

Ein weiterer Aspekt ist die Sorge, dass die Resultate aus Kundengesprächen mit den firmeninternen Geschäftsinteressen in Konflikt geraten und die Mitarbeiter großen Zeit- und Arbeitsaufwand für die Entwicklung von Lösungen aufbringen, die sie sonst nicht weiterverfolgen würden und von denen sie selbst nicht überzeugt sind (vgl. Tidd und Bessant 2013, S. 493 ff.). In diesem Zusammenhang ist es auch eine Sorge der Unternehmen, dass die interne Produktentwicklungsabteilung in eine *passive Rolle* im Hintergrund gerät, wenn sich das Unternehmen zu einseitig auf die Ergebnisse der Kundenintegration konzentriert (vgl. Sindakis 2013, S. 1019). Um dieses Risiko zu reduzieren, müssen Unternehmen im Vorfeld einen klaren Entscheidungsprozess sowie eine Kundenrollendefinition aufsetzen.

Das *not invented here Syndrom* ist ein Risiko, bei dem eine Ablehnungshaltung bei den Mitarbeitern auftreten kann, wenn Kundenideen nicht intern entwickelt wurden. Durch die Einführung eines Anreizsystems zur Förderung der Interaktion mit den Kunden und eines Bonussystems für ein erfolgreiche Kundeneinbindung können Grenzen überwunden sowie ein abteilungsübergreifender Austausch sichergestellt werden (vgl. Enkel et al. 2005, S. 210).

Während viele Studien nachweisen, dass frühzeitige Kundeneinbindung zu geringeren Entwicklungskosten führt, gibt es auch gegensätzlichen Studien, die einen erhöhten *Kostenaufwand* identifizieren. Zum einen kann der vergrößerte Kommunikationsaufwand sowie die administrative Vorbereitung der Kundeneinbindung zu erhöhten Kosten führen (vgl. Reichwald und Piller 2002, S. 16). Ein weiterer Aspekt ist, dass Kunden oftmals eine monetäre Belohnung für ihren Beitrag erwarten, besonders wenn das Unternehmen einen hohen Nutzen aus dem Kundenbeitrag hat (vgl. Romero und Molina 2009, S. 409). Es wird auch argumentiert, dass die meisten Ideen nicht realisierbar und nicht ausreichend geprüft sind, was zu Entwicklungskosten ohne gegengestellten Wert führt (vgl. Tidd und Bessant 2013, S. 493 ff.). Maßnahmen zur Risikoreduzierung wären beispielsweise eine vorgelagerte und detaillierte Kostenschätzung, die die inkrementellen Aufwände und Erträge der Kundeneinbindung gewichtet, um zu entscheiden, ob es im konkreten Fall sinnvoll ist, den Kunden einzubeziehen und in welchem Maß dies geschehen sollte. Es ist auch möglich, nicht monetäre Belohnungen für die beteiligten Kunden festzulegen, dies wird detailliert im Kap. 7 unter ‚Kundenmotivation' erörtert.

Im Gegensatz zur Verkürzung der *Entwicklungszeit* gibt es auch Studien, die nachweisen, dass sich in Fällen mit Kundenintegration die Entwicklungszeit bis zur Markteinführung sogar um 22 % erhöht (vgl. Zahn et al. 1995, S. 60 ff.). Für den Lead User Ansatz wird vor allem während der Ideenphase mehr Zeit benötigt (vgl. Lilien et al. 2002, S. 1052). Ein Grund ist, dass Termine durch verspätete Kundenfeedbacks überschritten werden können (vgl. Blazevic und Lievens 2008). Außerdem ist teilweise zusätzlicher Zeitaufwand erforderlich, um eine vertrauensvolle Beziehung zu den beteiligten Kunden aufzubauen (vgl. Campbell und Cooper 1999, S. 517). Die Definition klarer Ideenauswahlkriterien, die erfüllt sein müssen, um eine Idee weiter zu verfolgen, kann jedoch das Risiko einer Kostenexplosion und Zeitverzögerung reduzieren.

Die Literatur zeigt, dass die Kundeneinbindung durch das *eingeschränkte Fachwissen der Kunden* oft zwar zu Verbesserungen bestehender Produkte, jedoch nicht zu radikalen Innovationen führt (vgl. Campbell und Cooper 1999, S. 509). Um dem entgegenzuwirken, zeigen empirische Studien, dass die Einbindung von Lead Usern in einem frühen Stadium des Innovationsprozesses dazu beiträgt, auch radikale Innovationen entwickeln und Trends früher als durch die Zusammenarbeit mit normalen Kunden zu erkennen (vgl. Enkel et al. 2005, S. 206). Darüber hinaus ist es ratsam, verschiedene Kundengruppen in gemischten Workshops einzubeziehen, zum Beispiel Kunden, Produzenten, Endverbraucher und Entscheidungsträger, um einen Gesamtüberblick aus verschiedenen Perspektiven zu erhalten (vgl. Enkel et al. 2005, S. 209).

Ein weiteres Risiko ist die *fehlende Repräsentativität* der beteiligten Kundengruppen (vgl. Hofbauer 2013, S. 24). Dabei geht es vor allem darum, dass die ausgewählten Kunden die Zielgruppe nicht ausreichend repräsentieren, sondern nur eine kleine Nische widerspiegeln und dass ein Produkt mit unzureichender Marktnähe entwickelt wird. Um dies zu vermeiden, sollten unterschiedliche und unabhängige Kundengruppen in den diversen Phasen des Innovationsprozesses einbezogen werden. Die verschiedenen Methoden zur Einbindung der Kunden in die einzelnen Phasen wird detailliert in dem *essential* ‚Kundeneinbindung im Innovationsprozess – Methoden' beschrieben. Darüber hinaus ist es empfehlenswert, den Ideenfindungsprozess mit einer detaillierten Feldanalyse zu beginnen. Das Risiko, dass ein Kunde, absichtlich oder unabsichtlich, auf Grundlage individueller, nicht repräsentativer und persönlicher Präferenzen und Einstellungen handelt, kann durch eine offene Kommunikationskultur minimiert werden (vgl. Enkel et al. 2005, S. 208).

Außerdem kann die *Kundenauswahl* eine Herausforderung darstellen, da es teilweise schwierig ist, die richtigen Kunden mit dem nötigen Know-how und den benötigten Kompetenzen zu definieren und danach zu identifizieren (vgl. Tidd und Bessant 2013, S. 493 ff.). Auch die *Motivation* der Kunden kann eine Herausforderung sein. Es gibt viele Motivationsfaktoren, die in Kap. 7 detailliert behandelt werden. Schlägt die Kundeneinbindung fehl oder fühlen sich die Kunden enttäuscht oder zurückgewiesen, kann dies zu einer dauerhaft geschädigten Kundenbeziehung und im schlimmsten Fall zu negativer Publicity führen (vgl. Campbell und Cooper 1999, S. 509 ff.). Daher sollte die Kundeneinbindung in Bezug auf Motivation und Auswahl gut vorbereitet sein, wie in Kap. 7 beschrieben.

Eines der am häufigsten genannten Risiken ist, dass *Kundenbedürfnisse nicht korrekt von dem Unternehmen verstanden* werden, obwohl der Kunde in den Innovationsprozess integriert ist. Zum einen können kulturelle Unterschiede zwischen internen Abteilungen und Kunden entstehen, die Missverständnisse verursachen. Andererseits könnte der Kunde nicht in der Lage sein, seine Gedanken und Präferenzen zu artikulieren. Empirische Studien zeigen, dass die Kunden ihre Bedürfnisse, Präferenzen, Entscheidungen und Probleme oft selbst nicht identifizieren können (vgl. Sandmeier 2008, S. 41). Zudem verfügen Kunden aufgrund fehlender Erfahrung mit der Produktnutzung nicht zwingend auch über ausreichende Produktkenntnisse (vgl. Enkel 2009, S. 190). Sofern die Kunden über genügend Kenntnisse verfügen, könnten Unternehmen vor der Herausforderung stehen, dass es Transferprobleme geben könnte, das Wissen vom Kunden an das Unternehmen zu kommunizieren, insbesondere wenn den Kunden das eigene Wissen unbewusst ist (vgl. Tidd und Bessant 2013, S. 493 ff.). Diese Probleme können überwunden werden, indem bevorzugt jene Kunden berücksichtigt werden, die das Unternehmen aufgrund einer langjährigen Beziehung bereits kennen und die mit dem nötigen Wissen ausgestattet sind. Darüber hinaus sollten die beteiligten Kunden mit nützlichen Kommunikationswerkzeugen wie Toolkits ausgestattet werden, um sie bestmöglich dabei zu unterstützen, ihre Bedürfnisse auszudrücken und zu artikulieren. Diese Werkzeuge können auch hilfreich sein, um anonyme Rückmeldungen zu kritischen Themen zu sammeln (vgl. Enkel et al. 2005, S. 210 ff.). Die verschiedenen Methoden zur Kundeneinbindung werden im *essential* ‚Kundeneinbindung im Innovationsprozess – Methoden' verglichen und in einen Kontext gesetzt.

Ein weiteres Risiko ist die *Abhängigkeit* des Unternehmens, wenn der Kunde wesentliche Schritte im Innovationsprozess eigenständig übernimmt (vgl. Enkel 2009, S. 188). Diese Abhängigkeit kann auch zu dem Problem führen, dass die

Ergebnisse des Unternehmens durch die Meinung des Kunden negativ beeinflusst werden. Dies ist besonders gravierend, wenn der Kunde die Entwicklung in eine bestimmte Richtung lenkt, da er sich davon einen persönlichen Vorteil erwartet (vgl. Enkel et al. 2005, S. 206). Zur Minimierung dieses Risikos kann eine Gruppierung vieler unterschiedlicher Kunden aus verschiedenen Gruppen verhindern, dass Ideen nur in eine für das Unternehmen ungünstige Richtung führen (vgl. Gassmann et al. 2010, S. 53 ff.). Wenn der Kunde von einem Unternehmen vertreten wird, wie z. B. im B2B-Geschäft, kann es auch vorkommen, dass der Kunde die Entwicklung in eine bestimmte Richtung lenkt, um potenzielle negative Interferenzen mit seinem eigenen Geschäftsmodell zu verhindern. Um dies zu vermeiden, sollten Kunden mit einer enorm starken Marktposition weniger einbezogen werden und es ist darüber hinaus ratsam, viele unterschiedliche Schnittstellen aus diversen Kundengruppen einzubeziehen, um die Erkenntnisse immer wieder zu überprüfen und zu validieren (vgl. Enkel et al. 2005, S. 206 ff.).

BMW Innovation Lab

Das deutsche Automobilunternehmen BMW hat ein ‚Innovation Lab' ins Leben gerufen, um neue Ideen weiterzuverfolgen, die von Kunden per E-Mail und über die BMW-Website an das Unternehmen gesendet wurden. Der Innovationsprozess wird in drei Schritte unterteilt, um die Abhängigkeit von einer einzigen Kundengruppe einzudämmen sowie eine Repräsentativität sicherzustellen.

Im ersten Schritt werden externe Ideen aller Kunden analysiert, um daraus die Lead User auszuwählen, die Trendsetter und technische Experten sind. Im nächsten Schritt werden die Ideen den Lead Usern präsentiert und in Brainstorming Workshops besprochen. Dafür werden die besten Ideen gesammelt und in einem Auto als Prototyp verarbeitet. Als letzter Schritt werden Vertreter der wichtigsten Kundengruppen eingeladen, um den Prototyp zu testen. Dabei werden Design und Funktionalität des Prototyps hinsichtlich der Kundenakzeptanz bewertet. Nach erneuter Verbesserung des Prototyps, basierend auf den Erkenntnissen der Kundenrückmeldungen, erfolgt dann im letzten Schritt eine Marktforschung zur potenziellen Zahlungsbereitschaft sowie zur Minimierung des Produktrisikos (vgl. Enkel et al. 2005, S. 207).

Darüber hinaus wird der fehlende *Schutz des geistigen Eigentums* oft als Hindernis für die Kundeneinbindung gesehen, da es nicht immer transparent ist, wer welche Teile zum Endprodukt beigesteuert hat, insbesondere wenn der tatsächliche Wert der Produktinnovation erst lange nach der Markteinführung eintritt (vgl. Enkel 2009, S. 187 ff.). Kunden könnten einen Konflikt mit geistigem Eigentum herbeiführen, indem sie behaupten, dass sie zuvor das Know-how besaßen oder dass erst durch die Kombination ihres eigenen und dem Wissensbeitrag des Unternehmens die Produktinnovation kreiert wurde. Dies kann auch geschehen, wenn das Wissen bereits im Unternehmen existierte und der Kunde dann etwas dazu beigetragen hat, die sogenannte Kontamination des Unternehmenswissens mit Kundenwissen (vgl. Enkel et al. 2005, S. 205). Darüber hinaus kann der Wissensabfluss während des Innovationsprozesses auch ein schwerwiegendes Problem sein, insbesondere wenn das interne Unternehmenswissen dann über Kundenwege Mitbewerbern überlassen oder vom Kunden selbst genutzt wird (vgl. Hofbauer 2013, S. 24). Daher sollte das Unternehmen während des Planungsprozesses einen besonderen Fokus auf das Thema geistiges Eigentum legen. Wichtige Bestandteile sind beispielsweise die Vorbereitung von Vertraulichkeitsvereinbarungen sowie die Erstellung von Listen mit detaillierten Informationen darüber, wer welche Wissensbausteine zur Innovation beiträgt. Auch die Verwendung von Vereinbarungen zum Eigentumsrecht am Endprodukt ist hilfreich, trotzdem besteht die Herausforderung darin, gleichzeitig genug Raum für Kreativität und gegenseitiges Vertrauen zu schaffen (vgl. Enkel et al. 2005, S. 206). Ein externer Wissensabfluss kann auch durch die Wahl des richtigen Zeitpunktes für den Kunden verhindert werden, da es in manchen Fällen sinnvoll ist, den Kunden so spät wie möglich einzubinden, um Wissen zu sichern, aber gleichzeitig so früh wie möglich eine externe Einbindung von Ideen und Wissen zu fördern (Vgl. Wilson et al. 1995).

Alle erörterten Vorteile und Risiken sind in Tab. 5.1 zusammengefasst.

Tab. 5.1 Vorteile, Nachteile und Maßnahmen zur Risikominimierung der Kundeneinbindung. (Eigene Tabelle)

Vorteil	Risiko	Maßnahme zur Risikominimierung
Erhöhtes Erlöspotenzial	Erhöhte Kosten und Time-to-Market	Detaillierte Planung der Kosten und Nutzen aus Vergleichsprojekten, nicht monetäre Incentives
Marktanteilsicherung durch bessere Beantwortung der Marktbedürfnisse	Konflikte bzgl. geistigem Eigentum, Wissensabfluss	NDAs, transparente Kommunikation, detaillierte Wissensprotokolle
Reduzierte Entwicklungs- und Produktionskosten	Kunden fehlt notwendiges Know-how, Artikulation eingeschränkt	Einbindung von Kunden mit langjährigen Beziehungen, Verwendung von Tools zur Artikulation
Reduziertes Marktrisiko, optimiertes Forecasting, weniger Unsicherheiten	Reduzierter Neuheitsgrad	Gemischte Workshopgruppen, Lead User Konzept
Beschleunigung des Innovationsprozesses	Geeignete Kunden nicht identifiziert	Strukturierter Kundenselektierungsprozess
Wissenspooling	Kunde handelt nach eigenem Vorteil, Abhängigkeitsverhältnis, Konflikt mit Unternehmensinteressen	Inkludierung verschiedener Kundengruppen in verschiedenen Phasen, Bewertung der Marktkraft, transparenter Entscheidungsprozess
Kunde als Mediator bei konkurrierenden Abteilungen	Not Invented Here Syndrom	Incentive System für Kundeneinbindung und kontinuierliche transparente Kommunikation
Erhöhtes Qualitätslevel	Erhöhte Kosten und Time-to-Market	Detaillierte Planung der Kosten und Nutzen aus Vergleichsprojekten, nicht monetäre Incentives
Verbesserte Kundenbeziehung	Konflikte bzgl. geistigem Eigentum, Wissensabfluss	NDA, transparente Kommunikation, detaillierte Wissensprotokolle

Sechs Stufen der Kundeneinbindung

Im Innovationsprozess kann der Kunde verschiedene Rollen mit diversen Involvierungsgraden einnehmen. In der Theorie gibt es viele verschiedene Rollenkonzepte, die sich teilweise ergänzen oder überlappen. Die Autoren haben für die Praxis hierzu ein 6-Stufenmodell entwickelt, das zwischen direkter und indirekter Kundeneinbindung unterscheidet, und die Art und Intensität der Einbindung auf sechs Stufen abbildet (vgl. Abb. 6.1).

Eine detaillierte Erläuterung des sechsstufigen Modells ist im weiteren *essential* ‚Kundeneinbindung im Innovationsprozess – Methoden' zu finden.

Bei der indirekten Kundeneinbindung werden die Bedürfnisse, Probleme und Präferenzen analysiert, ohne den Kunden direkt nach einer Lösung zu fragen (Stufe 1–3). Bei der direkten Kundeneinbindung werden nicht nur Kundenbedürfnisse, Probleme und Präferenzen analysiert, sondern der Kunde ebenfalls direkt nach einer Lösung gefragt (Stufe 4–6).

Stufe 1: Bestehende Kundendaten werden analysiert
Die geringste Stufe (Stufe 1) der Kundeneinbindung ist die Analyse von Kundendaten ohne jegliche Interaktion mit dem Kunden. Dabei werden weder Kunden direkt zu Problemen befragt noch zu anderen Präferenzen. Die Analyse und Produktlösungsfindung erfolgt ausschließlich basierend auf unterschiedlichen Datenquellen.

Stufe 2: Kundenverhalten wird beobachtet und Daten erhoben
Stufe 2 ist vergleichbar mit der von Blazevic und Lievens beschriebenen Rolle ‚Kunde als passiver Nutzer'. Dabei beobachtet das Unternehmen das Verhalten der Kunden, um Einblicke in ihre Probleme und Bedürfnisse zu erhalten (vgl. Blazevic und Lievens 2008, S. 143 ff.).

© Springer Fachmedien Wiesbaden GmbH 2018
M. Knöchel und K. North, *Kundeneinbindung im Innovationsprozess –
Konzepte,* essentials, https://doi.org/10.1007/978-3-658-20427-3_6

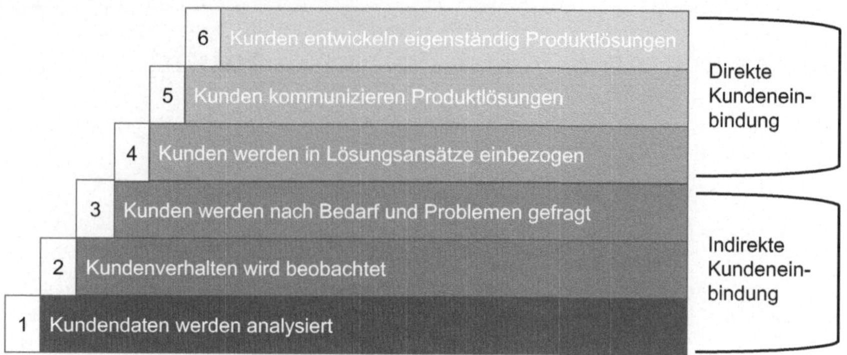

Abb. 6.1 Stufenmodell zu Kundenrollen und Intensität der Einbindung

Stufe 3: Kunden werden nach Bedarf und Problemen gefragt

In der Stufe 3 wird der Kunden aktiv zu einem Problem befragt, ohne jedoch eine Lösung zu diesem Problem zu entwickeln oder vorzuschlagen. Dies entspricht Blazevic und Lievens Rollenkonzept ‚Kunden als aktive Informatoren'. Folglich kann das Unternehmen das Wissen zu Produktwünschen erlangen und mit Produktanpassungen oder Produktinnovationen beantworten (vgl. Blazevic und Lievens 2008, S. 143 ff.).

Stufe 4: Kunden werden in Lösungsansätze einbezogen

In der Stufe 4 ist der Kunde zwar nicht direkt derjenige, der über die Produktlösung entscheidet, er wird jedoch stark in der Lösungsfindung zu einem Problem involviert und die Kundenvorschläge zu Produktlösungen werden berücksichtigt. Dies kann mit dem Begriff ‚Crowdsourcing' in Zusammenhang gebracht werden, den Howe (2006) so beschrieb, dass das Unternehmen Aufgaben, die vorab von eigenen Mitarbeitern übernommen wurden, an ein großes Netzwerk auslagert.

Dieser Ansatz wird von Nambisans Rollenkonzept des ‚Kunden als Co-Creator' widergespiegelt (vgl. Nambisan 2002, S. 395 ff.).

Stufe 5: Produktlösungen werden gemeinsam mit dem Kunden entwickelt

Der nächste Grad an Kundeneinbindung ist die Stufe 5, bei der der Kunde gemeinsam mit dem Unternehmen in das Lösungsdesign involviert ist. Dieser Ansatz wird von Nambisan im Rollenkonzept ‚Kunde als User' beschrieben (vgl. Nambisan 2002, S. 395 ff.).

Stufe 6: Kunden entwickeln eigenständig Produktlösungen
Die Stufe 6 spiegelt das höchste Maß der Kundeneinbindung wider, da der Kunde die Innovation eigenständig und unabhängig von dem Unternehmen entwickelt. Ciu und Wu beschreiben dies als ‚Kunden als Innovatoren' (CIN). Diese Rolle beschreibt, dass die Kunden selbst Innovationen entwickeln, ohne das Unternehmen direkt einzubinden (vgl. Cui und Wu 2015, S. 519 ff.).

Kritische Erfolgsfaktoren der Einbindung von Kunden in Innovationen

7

Es gibt viele Variablen, die einen entscheidenden Einfluss auf den Erfolg der Kundeneinbindung haben, drei wesentliche Faktoren können im differenziert werden: Kundenselektion, Kundenmotivation und organisatorische Voraussetzungen, die im Folgenden erläutert werden.

Kundenauswahl

Die Wahl des richtigen und geeigneten Kunden, der über die notwendigen Kenntnisse und Fähigkeiten verfügt, ist entscheidend für den Erfolg des Innovationsprozesses (vgl. Noble et al. 2014, S. 77 ff.).

Im Auswahlprozess finden sich fünf Schritte, um die bestgeeigneten Kunden zu finden und in das Innovationsprojekt einzubeziehen (siehe Abb. 7.1).

Um den Auswahlprozess zu starten, ist es hilfreich, eine Hypothese zu definieren, wer der ideale Kunde für eine Einbindung ist. In diesem Zusammenhang sollte das Unternehmen die Art des benötigten Kunden bestimmen, z. B. den alltäglichen Nutzer, den Beeinflusser, den Entscheidungsträger oder den Käufer (vgl. Blank 2013, S. 295 ff.).

Es ist empfohlen, Kriterien für den Kundenauswahlprozess aufzustellen, um objektive Entscheidungen zu treffen. Nützliche Kriterien können sein, dass der Kunde aktuellen Trends folgt oder sie sogar initiiert, oder dass er leidenschaftlich an Innovationen interessiert ist. Ein anderes Beispiel ist, dass der Kunde mit dem aktuellen Marktangebot unzufrieden ist. Weitere Kriterien sind die Kundenmotivation sowie die Qualifikationen und Fähigkeiten des Kunden in Bezug auf Know-how, technisches Fachwissen und die Fähigkeit, Bedürfnisse oder Lösungen verständlich zu artikulieren. Auch Kriterien zur bisherigen Beziehung sind zu berücksichtigen, vor allem in Bezug auf Geheimhaltung und Vertrauen.

© Springer Fachmedien Wiesbaden GmbH 2018
M. Knöchel und K. North, *Kundeneinbindung im Innovationsprozess –
Konzepte,* essentials, https://doi.org/10.1007/978-3-658-20427-3_7

Idealkunden Definieren	Kriterien Gewichten	Quellen Analysieren	Evaluierung Priorisierung	Auswahl Finalisierung
Aktivitäten				
Definition des idealen Kunden	Beschreibung detaillierter Kriterien	Analyse verschiedener Kundenkanäle	Bewertung durch bestehende Kriterien	Definition der finalen Kundenliste
Kundentyp und Eigenschaften festlegen	Gewichtung der Kriterien	Definition eines geeigneten Kanals	Kundenpriorisierung nach Bewertung	Vorbereitung der Kundenansprache
Fragen				
Welche Eigenschaften hat mein Idealkunde?	Welche Charakterzüge sollten die Kunden haben?	An welchen Punkten besteht Kundenkontakt?	Wie schneidet welcher Kunde in den Kriterien ab?	Welche Kunden werden angesprochen?
Welche Kundentypen und Kompetenzen benötige ich?	Welche Wichtigkeit hat welche s Kriterium?	Welche Quelle wird zur Kundenauswahl verwendet?	Welches Ranking ergibt sich aus der Priorisierung?	Wie wird der initiale Kontakt aufgesetzt?

Abb. 7.1 Der Kundenauswahlprozess

Nach der Definition der Auswahlkriterien kann jedes Kriterium mit quantitativen Bewertungen gemäß Relevanz und Bedeutung für das Unternehmen gewichtet werden. Anschließend werden verschiedene Kunden hinsichtlich der definierten Kriterien analysiert und bewertet. Die Kunden mit den höchsten Punktzahlen werden für die Kundeneinbindung ausgewählt (vgl. Enkel et al. 2005, S. 429 ff.).

Was die Auswahl von Lead Usern betrifft, sollten die Kriterien erweitert werden. Wichtige Kundenselektionskriterien sind Trendempfinden, Marktposition, Reputation, Umsatzpotenzial, Repräsentativität, bisherige Erfahrung in der Zusammenarbeit und die geografische Nähe des Kunden. Basierend darauf muss das Unternehmen eine Liste erstellen und aus den gewichteten Kriterien für ein spezifisches Innovationsprojekt die einzelnen Ergebnisse durch Punkte berechnen (vgl. Enkel et al. 2005, S. 206).

Es gibt verschiedene Quellen, um geeignete Kunden zu finden. Auf der einen Seite gibt es informationssuchende Kunden, die weitere Informationen über Produkte erhalten möchten, indem sie auf einer Website Chats aktivieren, FAQs lesen oder das Servicecenter anrufen. Auf der anderen Seite gibt es Kunden, die ihre Beschwerden schicken und Anregungen zur Verbesserung senden sowie Kunden, die den Vertriebsmitarbeitern bekannt sind. Wenn geeignete Kunden nicht über interne Kanäle gefunden werden können, können Blogbeiträge oder spezielle Interessengruppen zu geeigneten Kunden führen. Darüber hinaus können Firmenveranstaltungen, Konferenzen oder Messen dazu beitragen, adäquate Kunden zu finden. Wenn das Unternehmen nicht in der Lage ist, qualifizierte Kunden zu finden oder diese Aktivitäten auslagern möchte, gibt es Firmen, die sich auf die Rekrutierung von Interessengruppen spezialisiert haben und Marktforschungsunternehmen, die gegen Bezahlung geeignete Kundenansprechpartner zur Verfügung stellen (vgl. Campos und Ballard 2011, S. 85).

Nach Auswahl einer geeigneten Quelle zur Kundenrekrutierung werden die potenziellen Kunden nach den definierten gewichteten Kriterien in einem Ranking priorisiert (vgl. Enkel et al. 2005, S. 433). Dann kann das Unternehmen die Kundenliste abschließen und mit der Kommunikation an die ausgewählten Kunden beginnen.

Kundenmotivation

Selbst wenn ein Unternehmen die beste interne Organisation zur Kundeneinbindung aufgesetzt und geeignete Kunden gefunden hat, gibt es das Risiko, dass die Kunden nicht vom Unternehmen motiviert werden können, in den Innovationsprozess eingebunden zu werden. Daher ist es ein Schlüsselelement, die Motivation des Kunden zu verstehen (vgl. Rohrbeck et al. 2010). Die Forschung zeigt, dass die Einbindungsbereitschaft mit höheren Zuwendungen des Unternehmens gesteigert werden kann (vgl. Enkel et al. 2005, S. 433).

Daher sollten Unternehmen beteiligte Kunden belohnen, vor allem, wenn das Unternehmen einen hohen wirtschaftlichen Nutzen aus den Kundenbeiträgen erhält. Auch in Bezug auf die zukünftige Zusammenarbeit mit Kunden sind Zuwendungen und Anerkennung einige der besten Methoden, um eine dauerhaft gute Beziehung aufzubauen (vgl. Romero und Molina 2009, S. 409).

Im Hinblick auf die Motivationstheorien gibt es eine Differenzierung zwischen extrinsischer und intrinsischer Motivation. Extrinsische Motivation impliziert, dass ein Nutzen aus dem positiven Ergebnis der Tätigkeit erwartet wird. Belohnungen aus extrinsischer Motivation sind monetäre und greifbare materielle Zuwendungen, die nach Abschluss einer Aufgabe erhalten und von der Umgebung wahrgenommen werden. Im Gegensatz dazu bedeutet intrinsische Motivation, dass eine Handlung aus Gründen der Zufriedenheit, Freude oder Neugier erfolgt. Intrinsische Motivation bezieht sich auf interne psychologische Bedürfnisse, wie bspw. Interesse, Fähigkeiten und Autonomie (vgl. Ryan und Deci 2000, S. 55 ff.).

Hinsichtlich der extrinsischen Motivation sind monetäre Anreize weit verbreitet. Hierbei handelt es sich um Direktzahlungen oder spätere Vergütungen im Zusammenhang mit dem Produktergebnis der Einbindung im Innovationsprozess (vgl. Rohrbeck et al. 2010). Darüber hinaus umfasst sie Preisreduktionen für den Kauf des entwickelten Endprodukts oder zusätzliche Dienstleistungen, die mit dem Produkt verbunden sind, beispielsweise eine erweiterte Garantie oder kostenloser Reparaturservice (vgl. Brockhoff 2003, S. 468). Wissenschaftliche Untersuchungen zeigen jedoch, dass diese Anreize die geringste Relevanz und Einflussnahme auf die Motivation der Kunden haben (vgl. Rohrbeck et al. 2010).

Neben den monetären Anreizen ist auch die soziale und wissenschaftliche Wertschätzung ein motivierender Faktor, etwa in Form von offiziellen Anerkennungen und Preisen, die mit der Entwicklung der Innovation verbunden sind (vgl. Brockhoff 2003, S. 468). Vor allem in der Open-Source-Software Entwicklungsumgebung ist die öffentliche soziale Anerkennung ein wichtiger Motivationsfaktor, da sich der Kunde als wichtiger Teil eines großen sozialen Netzwerkes sieht (vgl. Rohrbeck et al. 2010). Des Weiteren können Kunden die gesellschaftliche Anerkennung nutzen, um potenziellen Arbeitgebern die besondere Kompetenz zu signalisieren (vgl. Ng 2016; Rohrbeck et al. 2010).

Dies kann jedoch ebenfalls zu Problemen für das Unternehmen führen, vor allem wenn der Kunde nicht an der Produktinnovation selbst interessiert ist, sondern an der gesellschaftlichen Anerkennung im Hinblick auf den Gewinn oder an dem mit seinem Beitrag verbundenen monetären Anreiz. Um dieses Risiko zu mindern, empfiehlt es sich, die Belohnungen an den zukünftigen Erfolg des Produkts zu binden (vgl. Brockhoff 2003, S. 468).

Appcelerator

Appcelerator ist ein IT Unternehmen, spezialisiert auf mobile Technologie und befindet sich in Kalifornien (Silicon Valley). Eines der Hauptprodukte von Appcelerator ist Titanium, eine Open-Source-Software zum Aufbau von nativen, hybriden und mobilen Apps, die in 185 Ländern eingesetzt wird (Appcelerator 2016).

Für die neueste Version ihrer Software Hyperloop, bot das Unternehmen allen Kunden an, die offene Beta-Software zu testen und Feedback an das Unternehmen zu senden. Die Beta-Nutzer wurden nicht einzeln rekrutiert, sondern über eine öffentliche Ankündigung in der Online-Community von Appcelerator eingeladen.

Viele Kunden nahmen an den Beta-Tests teil und das Appcelerator Team vermutet als wichtigsten Motivationsfaktor, dass die Benutzer ihre eigenen Apps auf dem neuesten Entwicklungsstand halten wollen und daher neue Versionen so schnell wie möglich ausprobieren möchten, um die entsprechende optimale Nutzung der neuen Funktionen für ihre eigenen Apps zu gewährleisten. Als Open-Source-Software ist ein weiterer wichtiger Motivationsaspekt, dass Benutzer Korrekturen vornehmen, um diese dann in ihren eigenen Lebensläufen zu verwenden.

In 2016 hat Appcelerator zum ersten Mal an vier ausgewählte Beta-Tester, die sehr aktiv in der Community und bei den Beta Tests waren, eine Appcelerator Jahreslizenz im Wert von 1188 US\$ vergeben. Die ausgewählten Kunden beantworteten nicht nur viele Fragen in der Community, sondern gaben auch Code-Beispiele und halfen anderen Usern. Als zusätzlichen Anreiz für den weiteren Verlauf des Jahres haben die Beta-User die Möglichkeit, die Lizenz zu verlängern, wenn sie weiterhin aktiv bleiben.

Appcelerator betrachtet das Kundeninteresse und insbesondere die Beta-Tester als einen großen Wert für das Unternehmen, da Bugs niemals vollständig intern verhindert werden können, auch wenn die weltweit besten IT Qualitätsingenieure daran arbeiten (vgl. Ng 2016).

Hinsichtlich der intrinsischen Motivation rücken hedonistische Faktoren wie Unterhaltung, Freude und Interesse in den Vordergrund. Dazu gehören die Zusammenarbeit mit dem Unternehmen bei der Entwicklung neuer Produkte und Dienstleistungen sowie der Zugang zu neuen und weiterführenden internen Informationen. Diese Faktoren haben gemäß einer Studie den größten Einfluss auf die Motivation in der Ideengenerierungsphase (vgl. Rohrbeck et al. 2010).

Darüber hinaus ist die Beantwortung auf ein persönliches Bedürfnis die wichtigste Motivation für Kunden, dies gilt auch für Lead User, die einen Beitrag leisten. Der Kunde hat einen Drang Inhalte beizusteuern, wenn das Produkt eine Lösung für ein persönliches akutes Problem bietet und er von der Innovation selbst profitiert (vgl. Rohrbeck et al. 2010). Diese Motivation kann zu einem Risiko werden, wenn der Kunde die Entwicklung nur in eine bestimmte Richtung lenkt, von der er dann persönlichen Nutzen erwartet (vgl. Enkel et al. 2005, S. 206). Zur Risikominimierung sollten daher viele verschiedene Kunden mit unterschiedlichen Hintergründen ausgewählt werden, um zu vermeiden, dass ein einzelner Kunde die komplette Entwicklung in eine von ihm favorisierte Richtung drängt (vgl. Gassmann et al. 2010, S. 53 ff.). Die Struktur und Organisation der Kundeneinbindung sowie die Kommunikation zwischen Unternehmen und Kunden beeinflussen zudem maßgeblich das Motivations- und Erwartungsmanagement der Kunden (vgl. Brockhoff 2003, S. 473). Daher werden die organisatorischen Voraussetzungen im Folgenden ausführlich erläutert.

Tab. 7.1 Faktoren zur Beeinflussung der Kundenmotivation

	Extrinsische Motivation	**Intrinsische Motivation**
Definition	Vom Ausgang der Produktinnovation wird ein persönlicher Vorteil erwartet	Zufriedenheit aufgrund der Mitarbeit an der Produktinnovation
Ansatz	Bezahlung, Rabatt, Zusatzleistungen, Award, Signalwirkung	Spaß an der Interaktion und Neuem, Interesse, frühzeitige Information, persönlicher Bedarf
Auswirkung	Eher gering	Eher hoch
Risiko	Fehlendes Interesse am Produkt, Gewinn und monetärer Incentive steht im Vordergrund	Um ein persönlichen Interesse oder Bedarf zu befriedigen wird die Produktinnovation bewusst in eine Richtung gelenkt
Maßnahme zur Risikominimierung	Monetärer Payback wird an zukünftige Verkäufe gebunden	Einbeziehung verschiedener Kundengruppen in den einzelnen Phasen

Die erörterten Motivationsansätze einschließlich Wirkung, Risiken und Maßnahmen zur Schadensbegrenzung sind in Tab. 7.1 dargestellt.

Organisatorische Voraussetzungen

Es gibt viele wichtige organisatorische Aspekte, die für eine erfolgreiche Kundeneinbindung essentiell sind.

Hinsichtlich der Struktur des Innovationsprojektes ist es ratsam, funktionsübergreifende Teams aus unterschiedlichen Abteilungen zu bilden, um ein gemeinsames Verständnis und Kommunikation ohne organisatorische Abteilungsgrenzen zu schaffen und von der Vermischung verschiedener notwendiger Kompetenzen zur Kundeneinbindung zu profitieren. Es müssen ausreichende Ressourcen und Mittel bereitgestellt werden, um die Koordination der Kundeneinbindung zu gewährleisten und dem Kunden passende Ansprechpartner und zeitnahe Kommunikation zu ermöglichen. Darüber hinaus sollten kulturelle Unterschiede berücksichtigt und Mitarbeiter auf kulturelle Einflüsse vorbereitet werden.

Für den direkten Kundenkontakt, wie bspw. Workshops oder Interviews ist es außerdem ratsam, diese in der Muttersprache der Kunden durchzuführen, um die Kommunikation zu verbessern und Sprachbarrieren zu reduzieren.

Die Kommunikation zwischen Unternehmen und Kunden ist essentiell und sollte vertrauensvoll und bindend sein, um einen offenen Meinungsaustausch zu gewährleisten und Unsicherheiten zu reduzieren. Dazu müssen klare Ziele und eine gemeinsame Vision zur Kundeneinbindung durch das Management definiert werden, um eine ausführliche Planung und klare Aufteilung der verschiedenen Rollen und Aufgaben sicherzustellen. Eine klare Botschaft des Managements zur Wichtigkeit der Kundeneinbindung ist ein Schlüsselfaktor für eine organisationsweite Kundenorientierung und Akzeptanz der Einbindung (vgl. Sandmeier 2008, S. 42 ff.).

Darüber hinaus empfiehlt sich die offizielle Unterstützung des Managements auf allen Ebenen und vor allem des direkten Vorgesetzten, um die Akzeptanz der Kundeneinbindung zu fördern (vgl. Noble et al. 2014, S. 45).

Im Hinblick auf diese Ziele sollte der Mehrwert gegenüber den erwarteten zusätzlichen Kosten, Aufwänden, Risiken und Nutzen für objektive Entscheidungen abgewogen werden. Auch die Schaffung realistischer Erwartungen in Bezug auf die Qualität und Ergebnisse des Kundeneinsatzes ist von entscheidender Bedeutung. Webbasierte Ideenwettbewerbe können beispielsweise zu Tausenden von Ideen führen und erfordern daher zur Bewältigung dieser Masse ausreichend Planung, Ressourcen und Organisation, um die wertvollsten Ideen zu erkennen und weiter zu verarbeiten.

Hinsichtlich der externen Organisation gegenüber den Kunden sollte eine transparente Kommunikation der Regeln und Leitlinien vor Beginn der Kundeneinbindung erfolgen. Zur Vermeidung von Konflikten sollten beispielsweise vor einem Ideenwettbewerb der Zeitplan, Art der Abstimmung, Jury und andere Voraussetzungen detailliert mitgeteilt werden, um Missverständnisse zu vermeiden (vgl. Noble et al. 2014, S. 76 ff.).

Die Integration einer externen Gruppe kann deshalb von Vorteil sein, da bspw. unabhängige Interviewer helfen zu verhindern, dass die sich Kunden statt auf die gestellten Fragen zu konzentrieren, bei den Mitarbeitern über die aktuellen Produkte und das Unternehmen im Allgemeinen beschweren. Auch im Hinblick auf die Neuheit der Innovationen müssen Grad und Zeitpunkt der Kundeneinbindung innerhalb des Unternehmens und mit den Kunden vereinbart werden (vgl. Enkel et al. S. 430 ff.).

Um den ersten Kundenkontakt detailliert vorzubereiten, ist es hilfreich, eine Prozessbeschreibung für den gesamten Innovationsprozess vom ersten Kundenkontakt bis hin zur Produkteinführung zu erstellen, einschließlich der

Tab. 7.2 Organisatorische Voraussetzungen und Effekte der Kundeneinbindung

Organisatorische Maßnahme		Effekt
Formation cross-funktionaler Teams zur Kundeneinbindung	⇒	Wissenspooling, Reduzierung von funktionalen Barrieren
Ernennung dedizierter Ressourcen zur Kundenbetreuung	⇒	Zufriedenstellende und termingerechte Kommunikation zum Kunden
Definition der Rollen, Timing, Zielen, Entscheidungswegen und Voraussetzungen	⇒	Transparenz, klare Erwartungshaltung, realistische Planung, Einfluss auf den Neuheitsgrad der Innovation
Erstellung und Weiterentwicklung eines firmeninternen Blueprints für Customer Involvement in verschiedenen Phasen	⇒	Prozessverständnis, detailliertere und realistischere Planung, kontinuierliche Verbesserung der Kundeneinbindung
Einbindung von externen Dienstleistern als Moderator in kritischen Kundeninterviews	⇒	Fokus auf inhaltlichen Fortschritt statt Beschwerden zu vergangenen Ereignissen
Verwendung der Muttersprache des Kunden während Interview und Diskussionen	⇒	Sprachliche Missverständnisse können ausgeschlossen werden, Fokus auf Inhalt

Kundeneinbindung in jedem einzelnen Schritt des Innovationsprozesses. Dadurch kann eine bessere Planung und ein gegenseitiges Verständnis der Prozesse innerhalb des Unternehmens und auf Kundenseite erfolgen (vgl. Hofbauer 2013, S. 5).

Die genannten organisatorischen Voraussetzungen und Effekte sind in Tab. 7.2 zusammengefasst.

Fazit und Ausblick

Kundeneinbindung wird zum ‚Muss' im Innovationsmanagement, aber dabei ist viel zu beachten. Es gibt keine einheitliche Formel, sondern viele Möglichkeiten zur Kundeneinbindung, die ein Unternehmen zur Steigerung des Produktinnovationserfolgs nutzen sollte.

Vor der Entscheidung über die geeignete Phase im Innovationsprozess und den Grad der Kundeneinbindung sollte das Unternehmen alle potenziellen Risiken und Vorteile für jeden einzelnen Schritt abwägen, da die Beteiligung immer von den individuellen Umständen abhängt, wie etwa vorhandenen Ressourcen, Prozessen im Unternehmen, Unsicherheitsgrad und Zusammensetzung der Zielgruppe. Die größten Risiken sind organisatorische Ablehnungen von Kundeneinbindung, fehlende Repräsentativität sowie Abhängigkeiten und Konflikte im Bereich des geistigen Eigentums. Die Vorteile sind das gesteigerte Verkaufspotenzial, die Erweiterung des Wissens und das höhere Qualitätsniveau. Das Unternehmen muss Maßnahmen zur Risikominderung treffen, um von den Vorteilen der Kundeneinbindung bestmöglich zu profitieren.

Auch die Rollen des Kunden können sich unterscheiden, beginnend mit einer sehr passiven Rolle, bei der nur die Kundenbedürfnisse analysiert werden, über eine aktive Rolle, bei der Kunden Input zur Lösung liefern, bis hin zu einem völlig autonomen Kunden, der selbstständig Innovationen entwickelt. In Bezug auf Zeitpunkt und Art der Kundeneinbindung im Innovationsprozess kann festgehalten werden, dass ein Kunde in allen Phasen des Innovationsprozesses und auch in allen modernen agilen Ansätzen einbezogen werden kann.

Durch die Auswahl geeigneter Kundeneinbindungsmethoden für bestimmte Phasen und die Beachtung kritischer Erfolgsfaktoren wie Kundenselektion, Motivation und organisatorischer Voraussetzungen kann die Kundeneinbindung dann erfolgreich im Produktinnovationsprozess eingesetzt werden. Diese Methoden

© Springer Fachmedien Wiesbaden GmbH 2018
M. Knöchel und K. North, *Kundeneinbindung im Innovationsprozess –
Konzepte*, essentials, https://doi.org/10.1007/978-3-658-20427-3_8

werden ausführlich im *essential* ,Kundeneinbindung im Innovationsprozess – Methoden' beschrieben und in einen zeitlichen Zusammenhang gebracht.

Durch neue Entwicklungen in der automatisierten Individualisierung, sowie Digitalisierung und schnell veränderlicher Märkte und Bedürfnisse bekommt der Begriff ,Produktentwicklung' eine neue Bedeutung. Der Trend geht weg von ,dem einen neuen Produkt' hin zu auf einzelne Kundengruppen abgestimmte individuelle Produkte und Lösungspakete.

Auch im Hinblick auf neue Technologien wie 3-D-Drucker und Virtual Reality werden Kunden immer mehr zu selbstständigen Entwicklern ihrer eigenen Produkte. So arbeitet Adidas aktuell an dem Pilotkonzept Speedfactory, bei der ein Kunde sich einen Schuh individuell digital zusammenstellen kann und dieser dann mithilfe von Robotern, 3-D Druckern und weiterer modernster Technik individuell für den Kunden produziert wird. Mit Ansätzen wie diesem wird die Kundeneinbindung in der Produktentwicklung revolutioniert werden.

Was Sie aus diesem *essential* mitnehmen können

- Kundeneinbindung erhöht bei richtiger Vorbereitung den Erfolg der Innovation.
- Risiken der Kundeneinbindung können gezielt durch Maßnahmen minimiert werden und voller Nutzen aus den Vorteilen gezogen werden.
- Kundenauswahl, Motivationsfaktoren sowie die Schaffung von organisatorischen Voraussetzungen sind Schlüsselerfolgsfaktoren und müssen vor der Kundeneinbindung detailliert vorbereitet werden.

© Springer Fachmedien Wiesbaden GmbH 2018
M. Knöchel und K. North, *Kundeneinbindung im Innovationsprozess – Konzepte*, essentials, https://doi.org/10.1007/978-3-658-20427-3

Literatur

Appcelerator (2016) *Company.* Verfügbar unter: https://www.appcelerator.com/company/ (Zugriff am 25. September 2016).

Boer, H. und During, W.E. (2001) *Innovation, what innovation? A comparison between product, process and organizational innovation,* in: International Journal of Technology Management, Vol. 22, Inderscience.

Blank, S. (2013) *The Four Steps to the Epiphany: Successful Strategies for Products that Win,* 5th edn, K&S Ranch.

Blazevic, V. und Lievens, A. (2008) *Managing innovation through customer coproduced knowledge in electronic services: An exploratory study,* in: Journal of the Academy of Marketing Science, Vol. 36, Springer.

Brockhoff, K. (2003) *Customers" Perspectives of Involvement in New Product Development,* in: International Journal of Technology Management, Vol. 26 No 5/6, Inderscience Enterprises.

Brown, S. L. und Eisenhardt, K. M. (1995) *Product Development: Past research, Present Findings, and Future Directions,* in: Academy 2of Management Review, Vol. 20, No 2.

Campbell, A. J. und Cooper, R. G. (1999) *Do Customer Partnerships Improve New Product Success Rates?* In: Industrial Marketing Management, Vol. 28, New York, Elsevier.

Campos, J. und Ballard, J. (2011) *The Voice of the Customer in Product Development,* Oshawa, Multi-Media Publications.

Chesbrough, H. W. (2006) *Open Innovation: The New Imperative for creating and Profiting from Technology,* Boston, Harvard Business School Press.

Chesbrough, H. W. und Brunswicker, S. (2013) *Managing Open Innovation in Large Companies: Executive Survey on Open Innovation 2013.* Verfügbar unter: https://www.iao.fraunhofer.de/images/iao-news/studie_managing_open-innovation.pdf (Zugriff am 19. August 2016).

Chesbrough, H. W., Vanhaverbeke, W. und West, J. (2008) *New Frontiers in Open Innovation,* New York, Oxford University Press.

Cobb, C. (2016) Interviewed by: McAllister, C. (27 June 2016). Verfügbar unter: http://www.productinnovationeducators.com/blog/tei-078-traditional-vs-agile-project-management-for-product-managers-with-chuck-cobb-phd/ (Zugriff am 16. September 2016).

© Springer Fachmedien Wiesbaden GmbH 2018

M. Knöchel und K. North, *Kundeneinbindung im Innovationsprozess –*
Konzepte, essentials, https://doi.org/10.1007/978-3-658-20427-3

Cui, A. S. & Wu, F. (2015) *Utilizing customer knowledge in innovation: antecedents and impact of customer involvement on new product performance*, in: Journal of the Academy of Marketing Science, Springer.

Disselkamp, M. (2005) *Innovationsmanagement: Instrumente und Methoden zur Umsetzung im Unternehmen*, 1st edn, Wiesbaden, Gabler.

Enkel, E. (2009) *Chancen und Risiken von Open Innovation, Kommunikation als Erfolgsfaktor im Innovationsmanagement*, 1st edn, Wiesbaden, Gabler.

Enkel, E., Kausch, C. und Gassmann, O. (2005) *Managing the Risk of Customer Integration*, in: European Management Journal Vol. 23, No. 2, Elsevier.

Enkel, E., Perez-Freije, J. und Gassmann, O. (2005) *Minimizing Market Risks Through Customer Integration in New Product Development: Learning from Bad Practice*, in: Customer Integration in NPD, Vol. 14, No. 4, Blackwell Publishing.

Gassmann, O., Kausch, C. und Enkel, E. (2010) *Negative side effects of customer integration*, in: International Journal of Technology Management, Vol. 50, No. 1, Inderscience Enterprises.

Gürtler, J. und Meyer, J. (2013) *30 Minuten: Design Thinking*, Offenbach, Gabal.

Herstatt, C. und Verworn, B. (2007) *Management der frühen Innovationsphasen: Grundlagen – Methoden – Neue Ansätze*, 2nd edn, Wiesbaden, Gabler.

Hippel, E. v. (1988) *The Sources of Innovation*, in: The McKinsey Quarterly.

Hippel, E. v. (2005) *Democratize Innovation*. Boston, MIT Press

Hofbauer, G. (2013) *Customer Integration – Prinzipien der Kundenintegration zur Entwicklung neuer Produkte, Arbeitsberichte*, in: Working Papers, Technische Hochschule Ingolstadt.

Horsch, J. (2003) *Innovations- und Projektmanagement: Von der strategischen Konzeption bis zur operativen Umsetzung*, 1st edn, Wiesbaden, Gabler.

Howe, J. (2006) *The rise of crowdsourcing*, Wired Magazine, Issue 14.06

Huber, M., Nicklas, J.-P., Schlüter, N., Winzer, P. und Zülch, J. (2013) *New approach to integrate customers in early phases of product development processes by using virtual reality*, in: 11th Global Conference on Sustainable Manufacturing – Innovative Solutions, Universitätsverlag der TU Berlin.

IBM Global Services (2006) *Expanding the Innovation Horizon – The Global CEO Study 2006*. Verfügbar unter: http://www-935.ibm.com/services/us/gbs/bus/pdf/ceostudy.pdf (Zugriff am 4. Oktober 2016).

Kausch, C. (2007) *A Risk-Benefit Perspective on Early Customer Integration*, Difo-Druck.

Kim, W.C. und Mauborgne, R.A. (2015) Blue Ocean Strategy: How to Create Uncontested Market Space and Make the Competition Irrelevant, Expanded Edition, Harvard Business Review Press.

Lagrosen, S. (2005) *Customer Involvement in new product development – A relationship marketing perspective*, in: European Journal of Innovation management, Vol. 8, No. 4, Emerald Group Publishing.

Leopold, J. (2015) *Open Innovation and Crowdsourcing: Neue Perspektiven des Innovationsmanagements*, 1st edn, Mering, Rainer Hampp.

Lilien, G. L., Morrison, P. D., Searls, K., Sonnack, M., und Hippel, E. v. (2002) *Performance Assessment of the Lead User Idea-Generation Process for New Product Development*, in: Management Science, Vol. 48, No. 8, Informs.

Nambisan, S. (2002) *Designing virtual customer environments for new product development: Toward a theory*, in: Academy of Management Review, Vol. 27.

Narayanan V. K. und O'Connor, G. C. (2010) *Encyclopedia of Technology and Innovation Management*, 1st edn, Chichester, Wiley.

Ng, C. (2016) Interviewed by: Knöchel, M. (22 September 2016).

Noble, C., Durmusoglu, S. und Griffin, A. (2014) *Open Innovation: New Product Development Essentials from the PDMA*, Hoboken, Wiley.

North, K. (2016): *Wissensorientierte Unternehmensführung*. Wiesbaden, Gabler (6. Auflage).

Plattner, H. (ohne Jahr) *An Introduction to Design Thinking PROCESS GUIDE*. Verfügbar unter: https://dschool.stanford.edu/sandbox/groups/designresources/wiki/36873/attachments/74b3d/ModeGuideBOOTCAMP2010L.pdf?sessionID=68deabe9f22d5b79bde83798d28a09327886ea4b (Zugriff am 18. September 2016).

PriceWaterhouseCoopers (2015) *Innovation – Deutsche Wege zum Erfolg*. Verfügbar unter: https://www.pwc.de/de/publikationen/paid_pubs/pwc_innovation_-_deutsche_wege_zum_erfolg_2015.pdf (Zugriff am 19. August 2016).

Rehme, J. und Svensson, P. (2011) *Credibility-driven entrepreneurship*, in: Journal of Entrepreneurship and Innovation, Vol. 12, No. 1.

Reichwald, R. und Piller, F. T. (2002) *Customer Integration: Formen und Prinzipien einer Integration der Kunden in unternehmerische Wertschöpfung*, in: Arbeitsbericht Nr. 26, Munich, Technische Universität München.

Rohrbeck, R., Steinhoff, F. und Perder, F. (2010) *Sourcing innovation from you customer: How multinational enterprises use Web platforms for virtual customer integration*, in: Technology Analysis & Strategic Management, Vol. 22, No. 4, Taylor & Francis.

Romero, D. und Molina, A. (2009) *Value Co-creation and Co-innovation: Linking Networked Organisations and Customer Communities*, in: Working Conference on Virtual Enterprises, Springer.

Ryan, R. M. und Deci, E. L. (2000) *Intrinsic and Extrinsic Motivations: Classic Definitions and New Directions*, in: Contemporary Educational Psychology, Vol. 25, No. 1, Academic Press, Elsevier.

Sandmeier, P. (2008) *Customer Integration in Industrial Innovation Projects*, 1st edn, Wiesbaden, Gabler.

Schmiedgen, J. (ohne Jahr) *How AirBnB uses Design Thinking in Projects – An Example*. Verfügbar unter: http://thisisdesignthinking.net/2015/05/airbnb-design-thinking-example/ (Zugriff am 17. September 2017).

Schumpeter, J. A. (1934) *The theory of economic development: An inquiry into profits, capital, credit, interest, and the business cycle*, 10th edn. in 2004, New Brunswick and London, Trasaction Punblishers.

Sindakis, S. (2013) *Corporate Venturing and Customer-Driven Innovation in the Mental Health-Care Market: a Review of the Literature and Development of a Conceptual Framework*, in: Journal of the Knowledge Economy, Springer.

Stern, T. und Jaberg, H. (2010) *Erfolgreiches Innovationsmanagement: Erfolgsfaktoren – Grundmuster – Fallbeispiele*, 4th edn, Wiesbaden, Gabler.

Talloo, T.J. (2007) *Business Organization and Management*, New Delhi, Tata Mc Graw-Hill.

Tidd, J. und Bessant, J. (2013) *Managing Innovation: Integrating Technological, Market and Organizational Change,* 5th edn, Chichester, Wiley.

Wilson, D., Littler, D., Leverick, F. und Bruce, M. (1995) *Collaborative strategy in new product development — risks and rewards,* in: Journal of Strategic Marketing, Vol. 3, Issue 1.

Zahn, E., Komes, N. und Walfort, R. (1995) *Status der Markt-und Kundenorientierung in Innovationsprozessen,* Eschborn, Diebold Deutschland GmbH.

Lesen Sie hier weiter

Klaus North
Wissensorientierte Unternehmensführung
Wissensmanagement gestalten

2016, XIV, 326 S.
Softcover € 54,99
ISBN 978-3-658-11642-2

Änderungen vorbehalten.
Erhältlich im Buchhandel oder beim Verlag.

Einfach portofrei bestellen:
leserservice@springer.com
tel +49 (0)6221 345-4301
springer.com

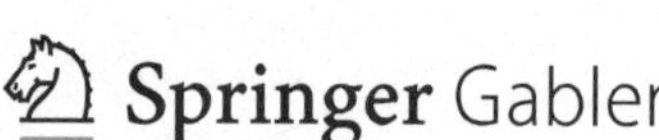